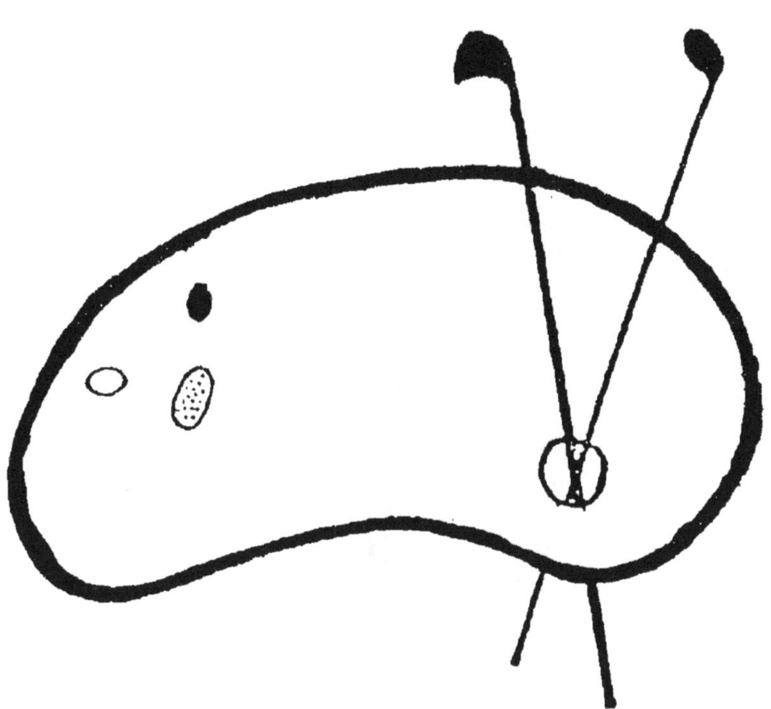

DEBUT D'UNE SERIE DE DOCUMENTS
EN COULEUR

1894. Décembre. 6

Vente du Jeudi 6 Décembre 1894

CATALOGUE

de

par

Julien Le Blant

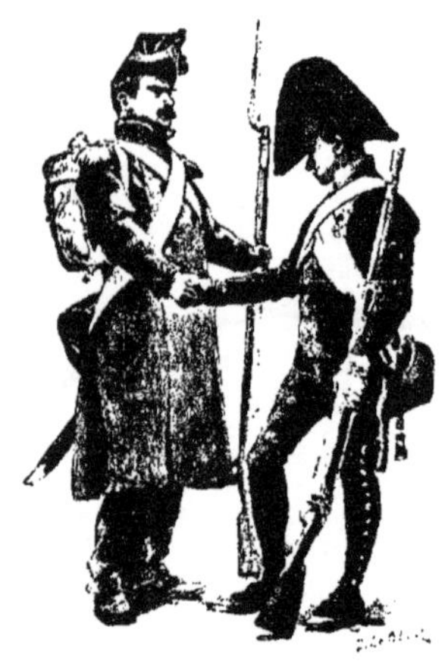

Particulière	Publique
Le mercredi 5 décembre 1894	*Le jeudi 6 décembre (jour de la vente)*
de 2 à 6 heures.	de 1 à 3 heures.

MDCCCXCIV

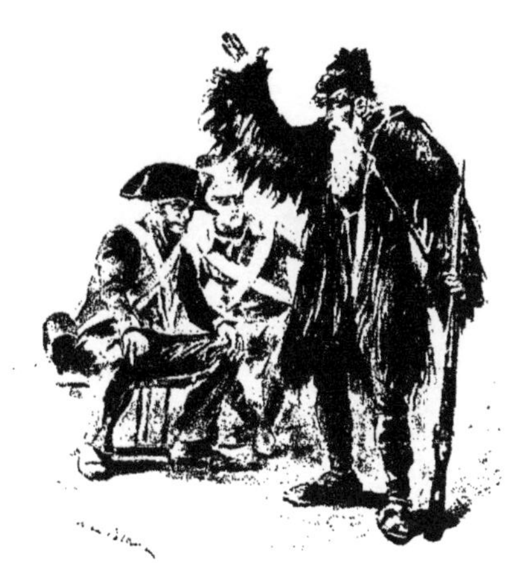

Imp. Draeger & Lesieur, Paris

CATALOGUE

des

[illegible]

ayant servi à illustrer

ENFANT PERDU de [illegible] — *LE TALISMAN* de Walter Scott

et de

DEUX AQUARELLES

dont la Vente aux enchères publiques aura lieu :

Hôtel Drouot, salle n° 7

Le JEUDI 6 DÉCEMBRE 1894, à trois heures

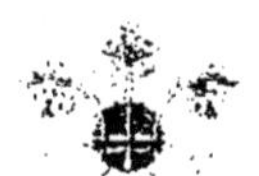

Particulière, le mercredi 5 décembre 1894, de 2 à [illegible] heures

Publique, le jeudi 6 décembre 1894, jour de la vente, de 1 à 2 heures

Commissaire-priseur :
M. LÉON TUAL,
[illegible], rue de la Victoire.

Expert :
M. EUGÈNE FÉRAL,
[illegible], faubourg Montmartre.

MDCCCXCIV

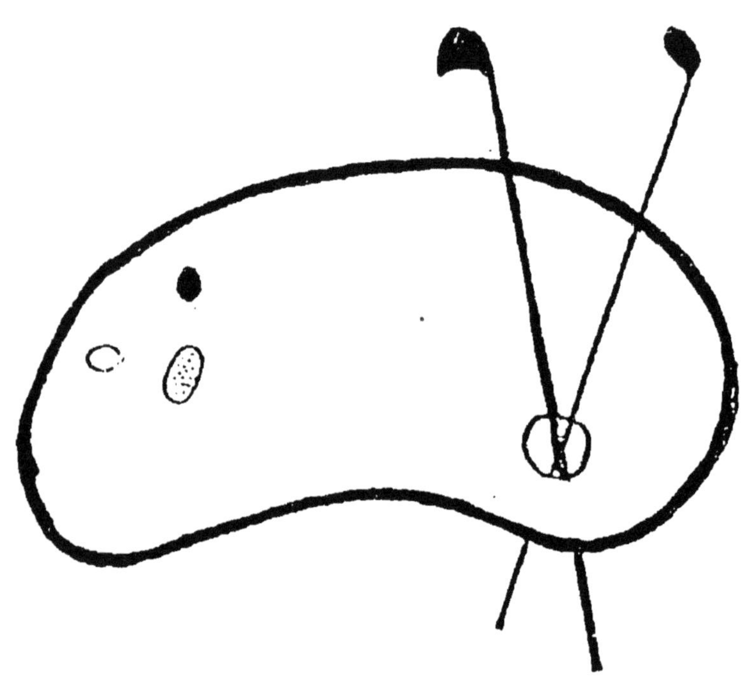

FIN D'UNE SERIE DE DOCUMENTS
EN COULEUR

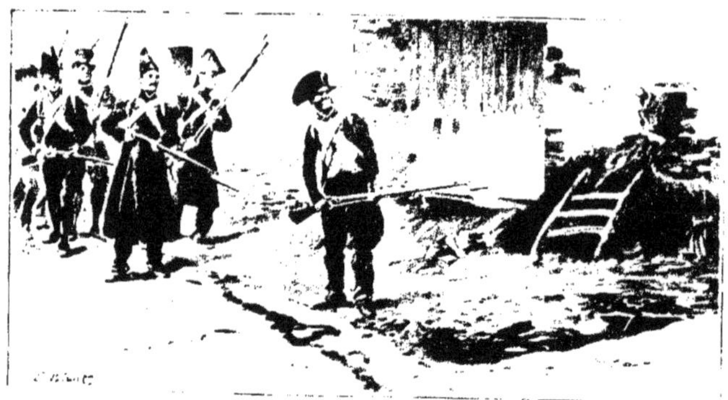

Dessins hors texte

1. Debout, les bras étendus, Naudais semblait quelque gigantesque oiseau de malheur.

2. Le commissaire déploya un des papiers pendant que ses agents fouillaient l'appartement.

3. Marius et Louis Popin étaient là tous deux, oubliant tout, quand une double exclamation les arracha à leur rêve de gloire.

4. « Avec moi-même, ça nous fait quatre lurons d'attaque qui ne bouderont pas au feu. »

5. La marche se poursuivit, muette, pleine d'émotion.

6. Les enfants perdus.

7. Embusqués auprès d'un créneau, les Enfants perdus ouvrirent le feu.

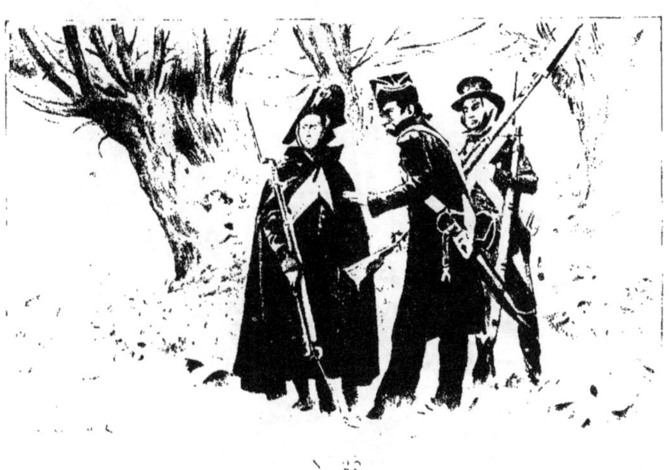

N° 25

8. Le conscrit s'était rapproché du feu.

9. L'Empereur parut à Marius être devenu subitement plus qu'humain.... Ce fut une vision inattendue, la vision d'un être qui ne semblait plus toucher au sol terrestre.

10. Lamesou s'était attelé à la prolonge d'un canon qu'il ne voulait plus lâcher.

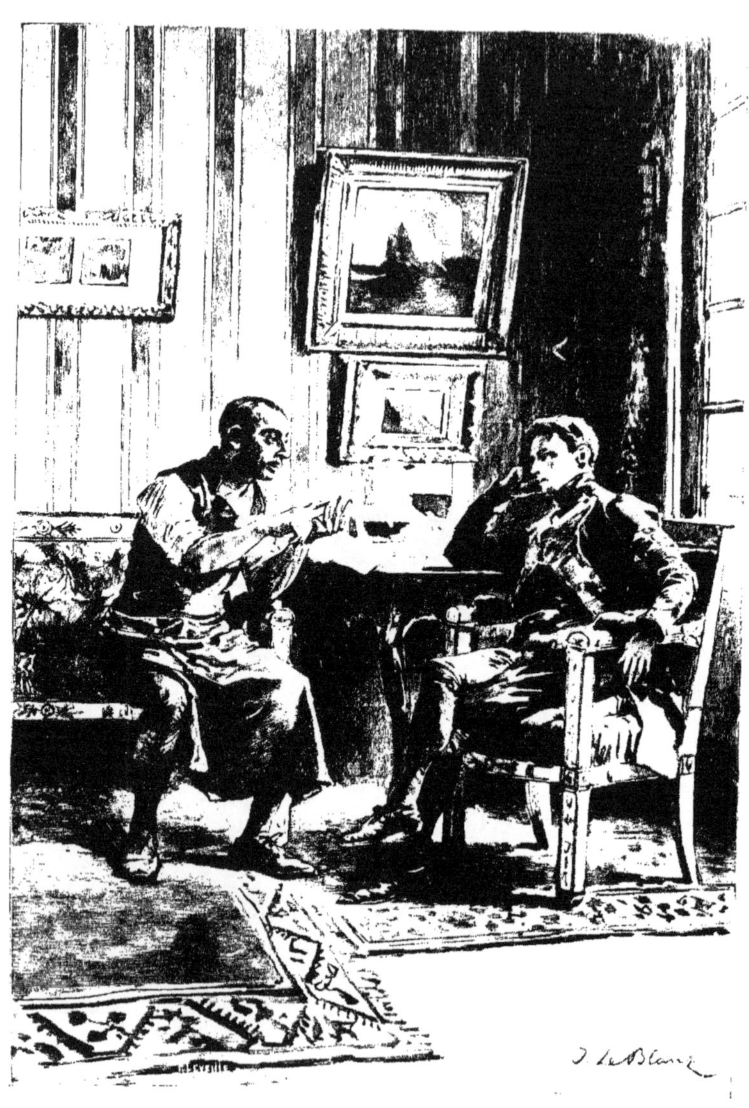

11. Ce fut un supplice que cette marche des prisonniers obligés d'aller à pied, en troupeau de moutons, entre deux lignes de Cosaques.

12. Le vieillard interrompit sa lecture.

13. Le paysan affirmait qu'il serait très facile de surprendre le quartier général des Alliés.

14. Roqueton était étendu la face tournée vers le ciel.

15. Quand Branchu fut près de l'Empereur, présentant l'arme, il répondit : « Un d'Austerlitz, Sire! Un de vos fidèles. »

16. Le vieillard emportait le blessé dans ses bras.

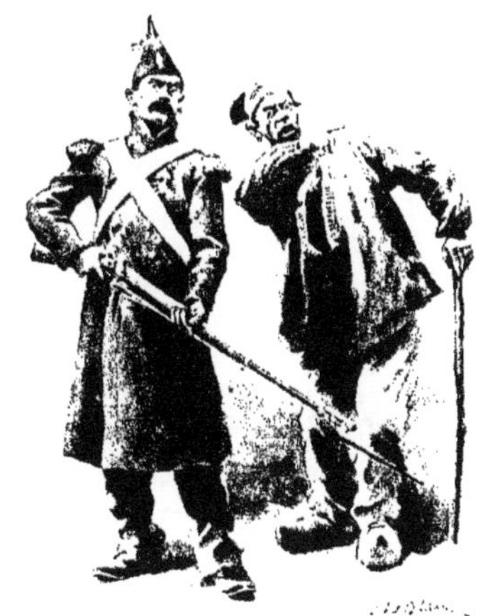

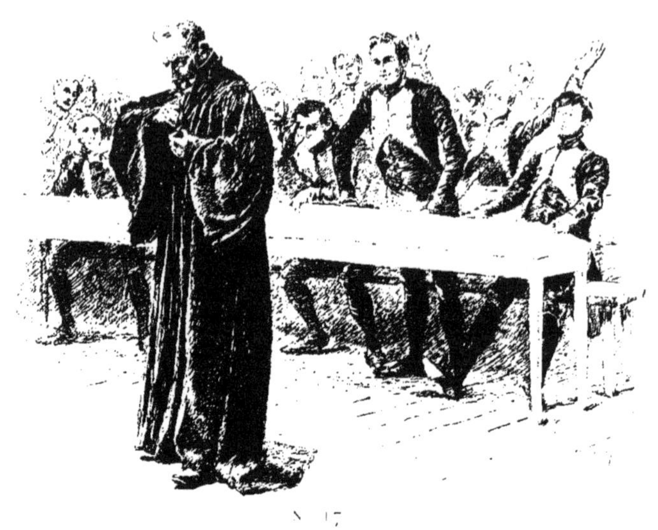

N° 17

17. Naudais achevait de boutonner sa robe professorale.

18. « Chut ! Quelle imprudence, mon ami ! »

19. « Toi, l'officieuse, tais-toi !... ou gare à toi. »

20. Mme Mahot passait de longues heures à étudier les cartes.

21. « C'est toi, Louis? Ma mère n'est pas là? »

22. Définitivement vaincue, Mme Mahot s'écria : « C'est vrai, tu as raison. Va défendre la patrie.

23. Marius expliqua à Louis Popin ce que seraient les Enfants perdus.

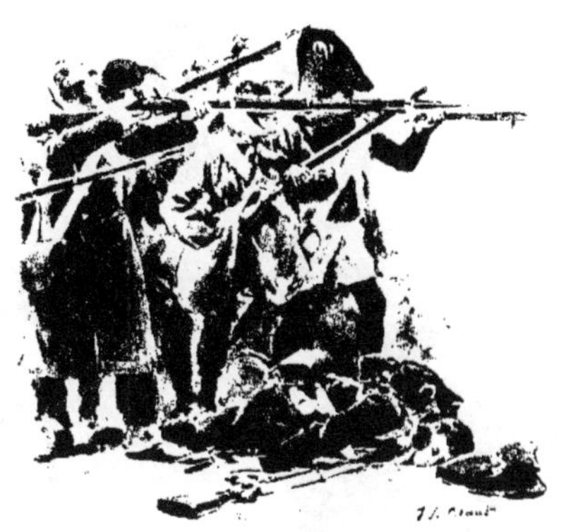

N° 45

24. Une dernière fois, Marius se jeta dans les bras de sa mère.

25. « A toi la garde, mon garçon! ouvre l'œil, et le bon. »

26. Marius regardait à son tour le cadavre.

27. Branchu astiquait son fusil à côté de ses hommes mélancoliquement assis auprès d'un feu qui s'éteignait.

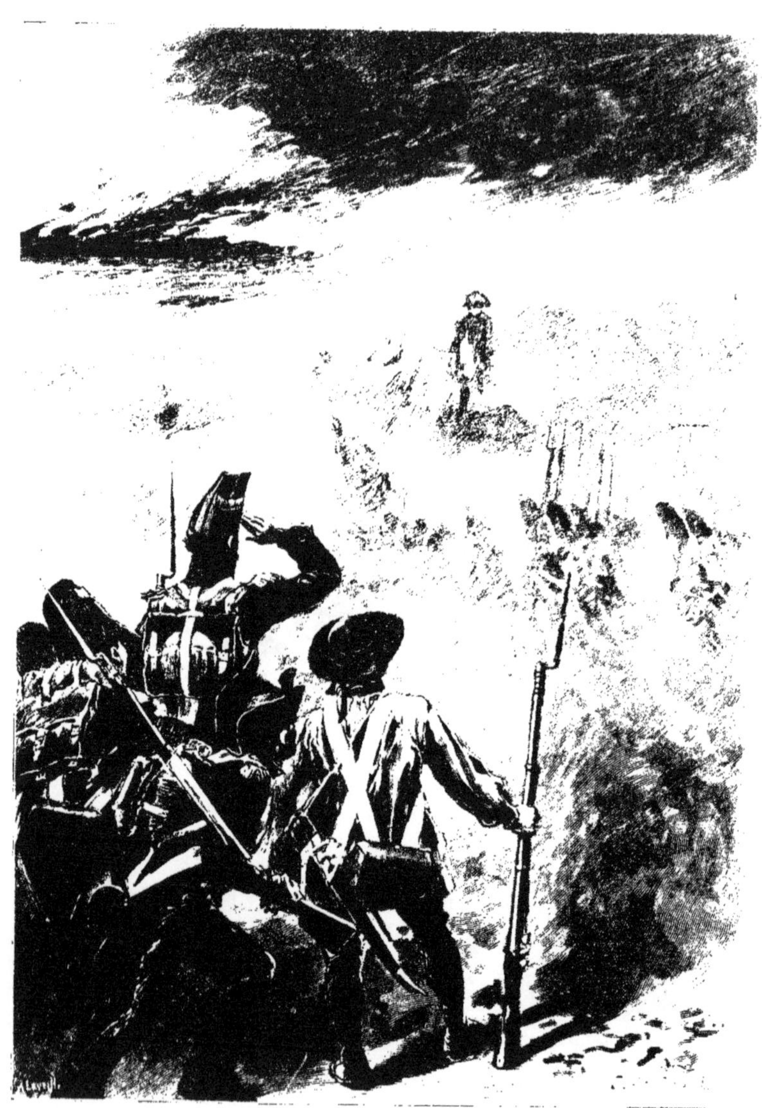

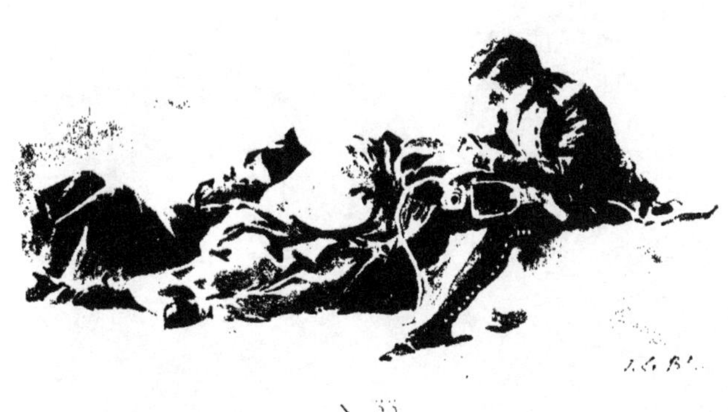

N° 33

28. « Si je le retrouve, bougonnait Riotte, il lui en cuira, au Diestchisne! »

29. Guidé par Riotte, le détachement se mit en marche.

30. Une sorte de géant, vêtu d'un costume sombre, coiffé d'une casquette de fourrure, fondit sur eux avec un si formidable moulinet que trois Bavarois culbutèrent, assommés.

31. « Ça me rappelle presque les marais de Pologne », bougonnait Branchu.

32. Marius s'endormit roulé dans son manteau.

33. Pendant que ses camarades dormaient, couchés sur la paille, Marius se mit à écrire à sa mère.

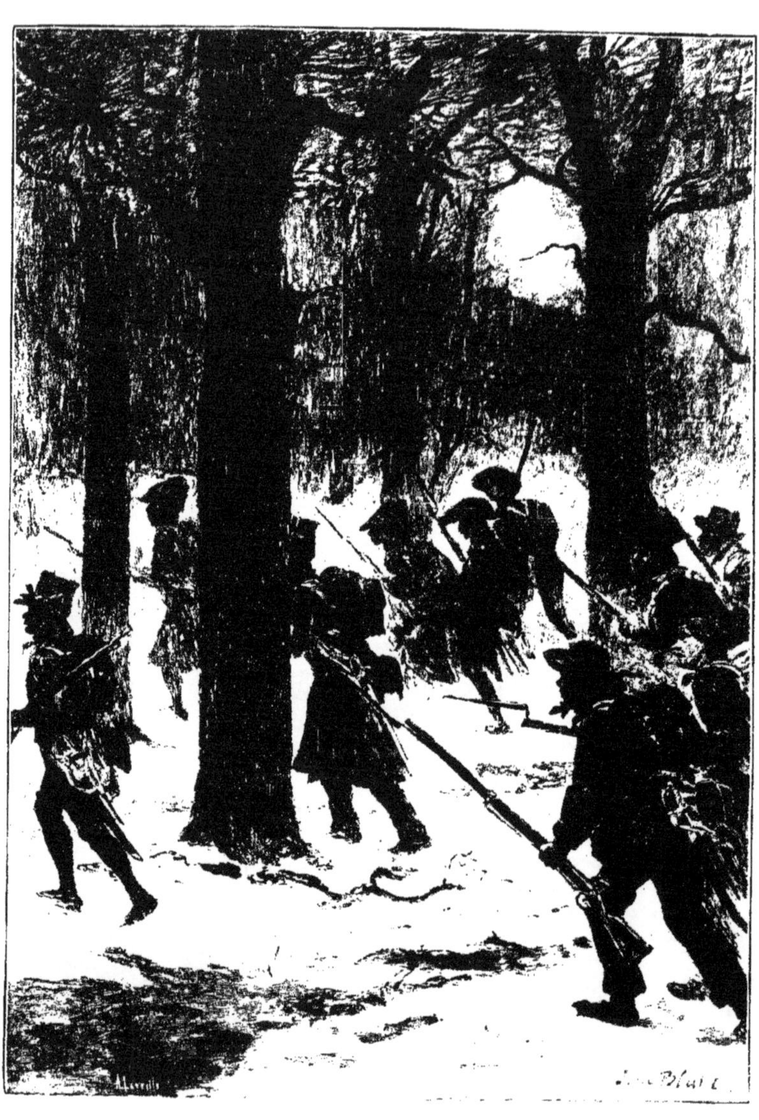

34. « Branchu et moi, nous ramenâmes le général russe que j'avais fait prisonnier.

35. « Vous m'avez fait votre chef? Eh bien! je déclare que les blessés garderont la chambre.

36. La troupe des Enfants perdus reprit lentement la route de Champaubert.

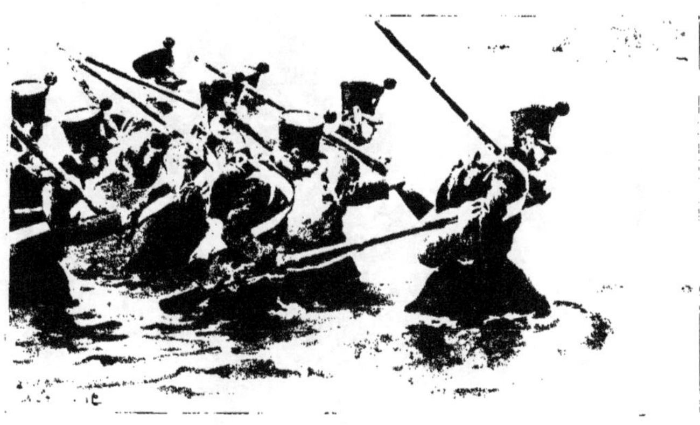

N° 19

37. Les mains enlacées sur son fusil, l'ancien grenadier faisait par moments une grimace singulière.

38. Atterrés, Branchu et Louis Popin durent se rendre à l'évidence. Marius avait disparu.

39. On distinguait dans l'ombre béante de la porte la haute stature d'un homme.

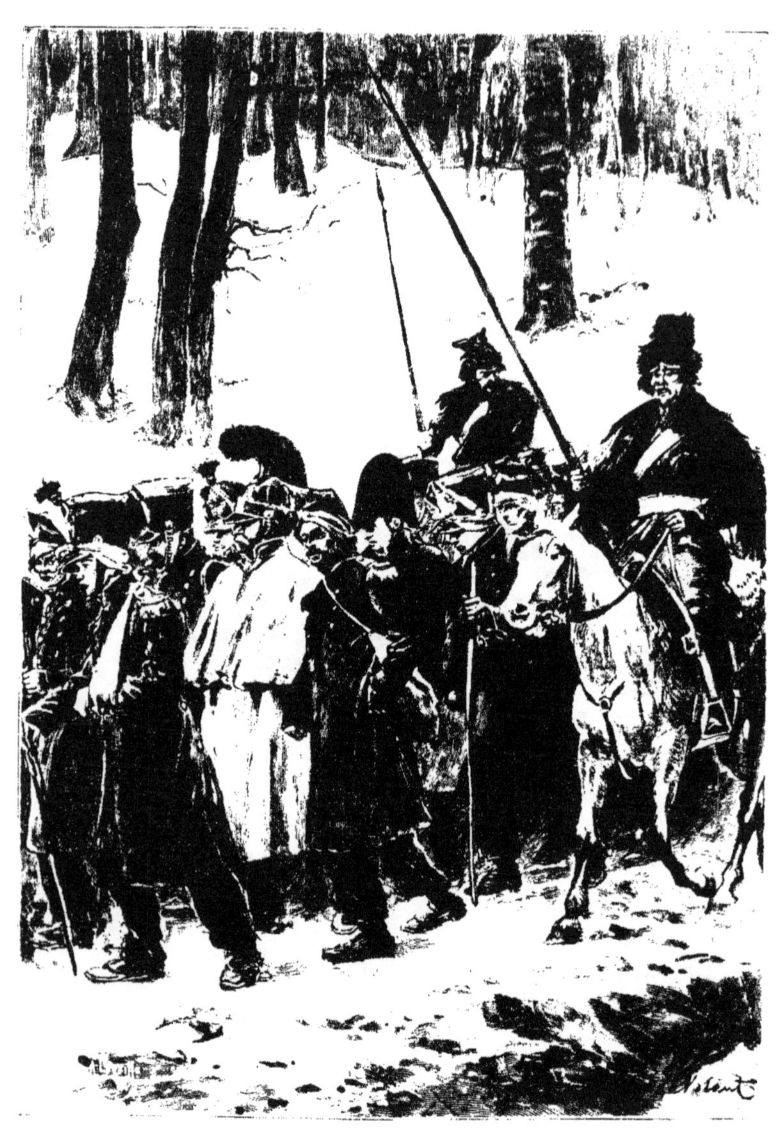

N° 11

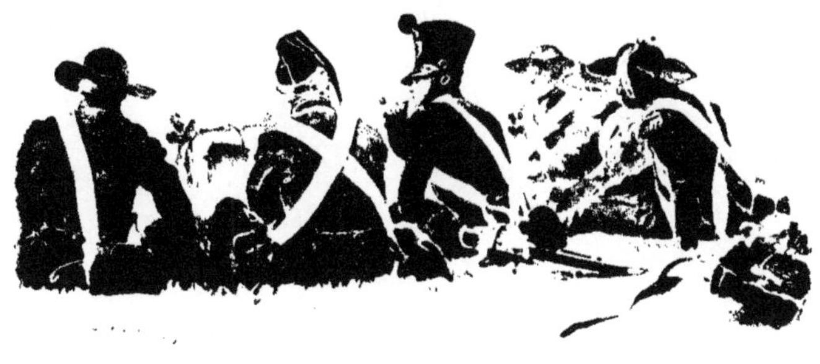

N° 45

40. « Je vais partout, moi, j'entre partout, je suis leur terreur ! »

41. Les deux Allemands se mirent sur la défensive.

42. L'étrange sauveur avait de nouveau disparu dans les ténèbres.

43. La petite troupe avait été éclairer le village.

44. L'air inquiet, le paysan tendit le bras, disant : « Le quartier général.... il y a quelque chose ; arrêtez ! arrêtez ! »

45. Les Enfants perdus s'étaient réunis autour du feu pour tenir conseil.

46. Les Enfants perdus avaient pris place dans un des carrés, qui se trouvait en tête, et faisaient le coup de feu.

47. « Attention, les amis ! Qu'est-ce qui nous arrive là ? » s'écria Lecquois.

48. Poussé par Lameson et Riotte, le prisonnier s'avançait, trébuchant à chaque pas.

49. « Notre régiment s'est jeté sur l'ennemi par le gué de la Neuville. »

50. Lui serrant la main, Branchu lui dit : « Nous aussi, nous irons à Paris, camarade. »

51. Riotte fusillait consciencieusement tous les Russes qui avançaient imprudemment la tête hors des maisons qui les abritaient.

52. M. et Mme Mahot contemplaient leur fils avec un orgueilleux ravissement.

53 à 57. Cinq dessins hors texte, ayant servi à l'illustration du *Talisman* de Walter Scott — Édition Nimmo, — Londres.

58. Passage d'une rivière à la nage.

59. L'escalade.

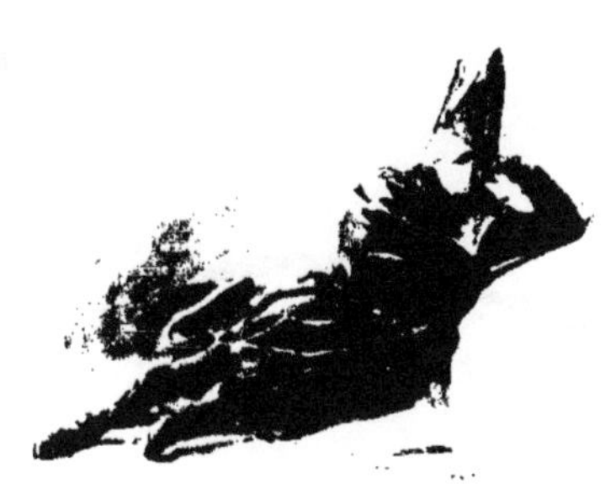

N° 32

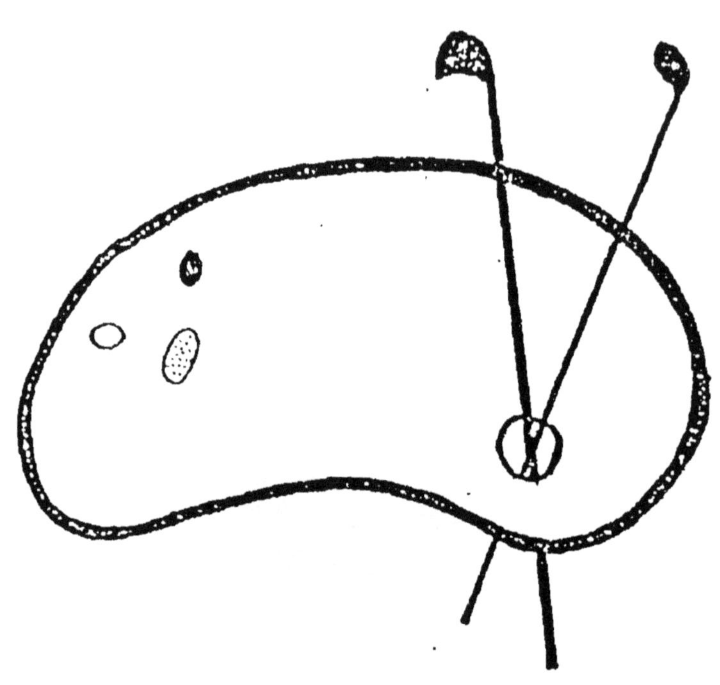

RED. :

24

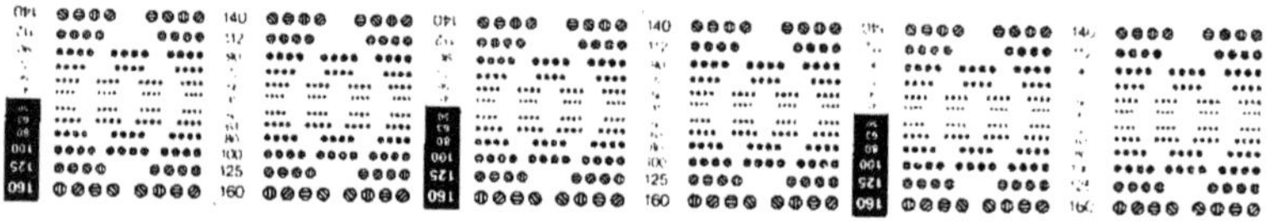

graphicom

MIRE ISO N° 1
NF Z 43-
AFNOR
Cedex 7 92080 PARIS LA DEFENSE

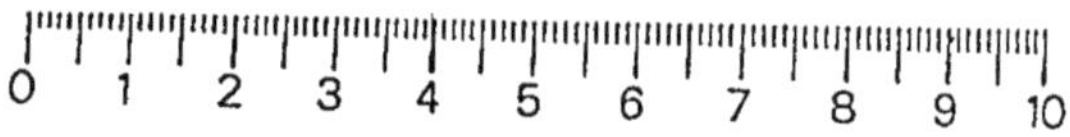

www.ingramcontent.com/pod-product-compliance
Ingram Content Group UK Ltd.
Pitfield, Milton Keynes, MK11 3LW, UK
UKHW021045260726
13994UKWH00005B/2354